monica donda

donna giuridicamente viva

VIVERE
NON È SOPRAVVIVERE

♦

EDIZIONI WE

ISBN 979-12-5497-172-7

Via Paulli 10/A - 26015 - Soresina (CR)

www.clickpertutti.com
www.edizioniwe.com
www.facebook.com/edizioniwe
www.instagram.com/edizioniwe
info@edizioniwe.com

PREFAZIONE

di monica donda*

Questo libro è frutto di ciò che ho appreso negli ultimi 29 anni, della mia esperienza e azione per risalire da una situazione buia e dell'aiuto dato a chi si è rivolto a me, che mi ha ulteriormente aiutato a crescere.

Ho scritto "VIVERE NON È SOPRAVVIVERE" con tutto il mio cuore e il mio amore, per donarlo al mondo.

monica

* *Troverai all'interno del libro alcuni nomi scritti in minuscolo.*
I nomi e cognomi scritti in minuscolo indicano l'uomo giuridicamente vivo, quindi con Capacità Giuridica, cioè capacità di agire in piena responsabilità illimitata senza immunità e di fare contratti. Homo vivo, in Legge Naturale è in posizione di Creditore anziché Debitore.
Info su: www.noièiosono.com

VIVERE
NON È SOPRAVVIVERE

A mia mamma
che con una semplice frase mi ha dato la spinta per rialzarmi!

*A mio marito antonio**
che mi è sempre vicino e mi sostiene con il suo amore!

Ad ogni donna e uomo
che ha deciso di cambiare in meglio la propria vita!

PREMESSA

Quante volte nel nostro quotidiano, accontentiamo gli altri per non spiacergli e ci dimentichiamo di ciò che vogliamo noi, di quello che fa bene a noi, cioè che ci fa stare bene perché in linea con ciò che siamo?
Ma in effetti, chi siamo davvero?
Siamo esseri **unici, speciali e meravigliosi,** proprio così veramente, cioè nel vero senso di queste parole… Perché? Vi chiederete… **Unici,** perché su milioni di spermatozoi uno solo, (due nel caso dei gemelli), si è sviluppato con l'ovulo di nostra madre fino a formare noi. **Speciali**, lo siamo proprio perché siamo unici. **Meravigliosi**, perché come noi al mondo non c'è nessuno con le nostre stesse qualità, caratteristiche doni e unicità. Ci avevate mai pensato?

Uno dei punti fondamentali è riuscire ad essere sé stessi, subito sin da piccoli; ma già all'asilo prima e a scuola poi, non sempre possiamo esserlo perché ci vogliono tutti come soldatini ubbidienti, tutti uguali uniformati alle regole degli insegnanti che non capiscono e non valorizzano la diversità e unicità dell'individuo; fatta eccezione per quegli insegnanti che amando sé stessi, valorizzano le qualità dei loro allievi! Così anche da adulti tendiamo a farci piccoli ed a metterci in disparte quasi a non voler disturbare nessuno solo per farci accettare, e siamo sempre alla ricerca dell'approvazione degli altri, ma l'unica approvazione che può

davvero farci stare meglio è la nostra! Se noi stessi non ci approviamo, come possiamo pensare che lo facciano gli altri? Il nostro compito non è farci accettare dagli altri, il nostro compito è essere noi stessi al meglio, cioè diventare il meglio che possiamo essere. Come possiamo allora esprimere noi stessi? Cioè, per capirci meglio, qual è il modo per poterlo fare, e da dove iniziare?
Il punto di partenza è iniziare a VIVERE, non a SOPRAVVIVERE. Molti ancora oggi trascinano sé stessi nella routine quotidiana, senza una vera meta, senza chiedersi che scopo abbia la propria presenza qui in questo momento e su questo pianeta, senza fermarsi un attimo ad ascoltarsi per capire i propri desideri, restando in balia degli avvenimenti incolpando il fato e gli individui coinvolti, senza farsi carico della responsabilità che hanno in tutto ciò che gli accade. Questo si chiama sopravvivere!
Vivere è una sinfonia di note, più o meno belle, ma tutte da suonare all'unisono con chi troviamo sul nostro percorso; è assaporare la vita giorno per giorno con la curiosità di un bambino, è esprimere la nostra unicità, scoprendo i nostri talenti e mettendoli al servizio del mondo.

Vivere è anche saperci apprezzare dandoci noi per primi "il prezzo" del nostro valore; solo così anche gli altri ci apprezzeranno, sì, perché chi ci circonda fa da specchio a ciò che noi vediamo e pensiamo di noi.
Se riceviamo complimenti, significa che siamo positivi, sicuri di noi e abbiamo autostima, se invece veniamo bistrattati, dentro di noi evidentemente saremo molto critici... E il nostro specchio la fuori ce lo restituisce anche velocemente!
Vivere veramente, vuol dire scegliere di assumerci la responsabilità delle nostre azioni e della nostra vita accettando di essere

noi i creatori, smettendo di incolpare tutto e tutti di ciò che ci accade e sapendo che possiamo creare la vita che vogliamo se solo lo vogliamo.
Bene, se giunti a questo punto vorresti lanciare questo libro contro il muro, ho una notizia per te: "C'è del lavoro da fare, ho toccato il tasto giusto!" Dentro di te si è acceso qualcosa seppur un fastidio o rabbia dopo aver letto fino a qui, altrimenti saresti rimasto indifferente o avresti annuito a conferma di ciò che già sai. Io ora, non posso sapere a che punto sei nella tua vita, se hai già provato molto e ti stai arrendendo perché non ha funzionato per te e non hai trovato la giusta strategia, oppure se sei già a buon punto nel tuo percorso di crescita e vuoi migliorare ancora di più, ma in entrambi i casi se continuerai a leggere, troverai la forza e lo spunto per ripartire da capo con più coraggio, fede nelle tue capacità, e nuove strategie per potenziare e migliorare ulteriormente i tuoi risultati ottenuti fino a qui. Ho messo in questo libro oltre 29 anni della mia esperienza dei tentativi che ho fatto, di tutte le volte che mi sono abbattuta e poi rialzata, provando molte volte, mettendo in pratica ciò che leggevo come autodidatta, piangendo in alcuni casi tutte le mie lacrime, arrabbiandomi altre volte, sentendomi persa e sola altre volte ancora.
Buona lettura.

monica

LA STORIA

Io sono monica donda* e faccio la mamma, la nonna, l'insegnante formatore H.Y.L. (Puoi Guarire La Tua Vita), e di Autostima per adulti, ragazzi e bambini.

Da un po' di tempo vivo in piena salute, felicità e gioia la mia vita, ma non è stato sempre così...

Nella primavera del 1994, stavo sprofondando sempre di più nel buio nel quale purtroppo mi trovavo da quasi otto anni, un'oscurità in cui spesso la paura la faceva da padrona.

Non è che non avessi mai provato a risalire, e nemmeno che fosse sempre tutto completamente buio, ma dovevo imparare a capire che quando alcune cose non si possono cambiare, bisogna riconoscerlo e saperlo accettare. Dovevo anche rendermi conto di come e perché avessi attirato quella situazione nella mia vita, prendendomi finalmente la mia responsabilità invece di disperarmi, pregare invocando aiuto, sentirmi impotente, e dare la colpa al fato.

Non che io fossi una donna che si arrendesse facilmente o che non lottasse stringendo i denti sperando che l'indomani quell'incubo finisse, e desiderando che fosse stato solo un brutto sogno da cui mi sarei svegliata avendo la vita che volevo, con la famiglia che avevo sempre desiderato e per la quale avevo lottato...

A quasi 28 anni e con la responsabilità dei miei due bambini, che amavo sopra ogni cosa, dovevo prendere un'importante decisione per migliorare il nostro presente e il nostro futuro, visto che ormai il passato non potevo più cambiarlo. Il mio obbiettivo di allora era ritrovare la serenità per i miei figli e per me. Avrei fatto qualsiasi cosa per vivere in serenità, e per non avere più paura della persona che mi dormiva accanto ogni notte.

Allora non sapevo di essere unica e speciale, meno che mai meravigliosa, anzi mi sentivo spesso dire di non essere nessuno, di non valere niente, di dove credevo di poter andare o arrivare visto che non ero niente, mentre svolgevo il lavoro di consulente di cosmetici, che per rivalsa mi impegnavo a svolgere da ormai quattro anni proprio per far vedere al mio di allora marito, che qualche cosa valevo anche io. Ed in effetti le uniche soddisfazioni che avevo erano gli apprezzamenti delle mie clienti e delle consulenti di cui ero capogruppo, oltre alla gioia datami da mio figlio e mia figlia con i loro sorrisi e la loro voglia di vivere e giocare.

Nessuno al di fuori del mio nucleo familiare, neanche le mie due amiche più intime, sapeva della mia situazione ed infelicità; poche volte in quegli otto anni lo avevo detto ai miei genitori, solo quando c'erano stati episodi molto forti in cui si vedevano anche i segni fisici o quando presa da paura, disperazione, e sconforto, pensai di scappare di casa portando i miei figli con me e fui sorpresa da mia mamma che mi chiese spiegazioni vedendo il mio viso segnato dal pianto e alcuni lividi sul collo. La vergogna per la mia situazione e il senso di colpa per la scelta sbagliata che avevo fatto erano fortissimi, inoltre la violenza subita a livello psicologico era ancora più invalidante di quella fisica tanto da impedirmi di chiedere davvero aiuto a tutti quelli che mi volevano bene.

Le cose oramai stavano così, che cosa avrei potuto fare che non avevo già fatto? Questa era una domanda che mi ripetevo spesso; mi ero già rivolta qualche anno prima anche ai servizi sociali, ma non avevo avuto il sostegno che mi sarebbe servito, mi avevano detto di far tornare a casa mio marito nonostante avessero visto i lividi sul collo, dicendo che era comunque il padre dei nostri bambini ed era giusto stare insieme, tanto di lì a poco iniziavamo gli incontri con la psicologa… Peccato che io ci andavo e lui dopo un paio di volte non c'è più andato e a mia insaputa, finché un giorno in ospedale, dove ero ricoverata per un intervento, incontrai la psicologa che mi chiese che fine avesse fatto mio marito dato che era da un po' che non lo vedeva… Lì mi crollò addosso il muro di speranza che avevo eretto, di creare un rapporto migliore per la nostra famiglia, lì ho capito che importava solo a me!

Già nel primo appuntamento presso i servizi sociali a colloquio con assistente sociale e psicologa, lui era riuscito a darmi dell'esaurita e a farmi passare per matta, praticamente mi ero inventata tutto, la situazione non era così grave come la dipingevo io.

Ora tralascio tutto il resto della storia e delle anime coinvolte, per non dilungarmi e per non portare attenzione a qualcosa che ho già superato e che non voglio mai più richiamare nella mia vita che ora è meravigliosa, per tornare alla domanda che mi ponevo spesso: "Che cosa posso fare, per migliorare e risolvere questa situazione, che non ho già fatto?"

Dopo il fallimento con i servizi sociali, mi ricordai che avevo sentito parlare del telefono rosa in aiuto alle donne che subivano violenza tra le mura domestiche e animata del poco coraggio che ancora mi restava pensai di contattarli, quanto meno per un consiglio che mi desse più sostegno di quello che avevo avuto fino ad allora. Dall'altra parte della cornetta del telefono mi rispose una donna molto gentile e comprensiva, che mi garantì l'anonimato per rispetto della mia privacy, mi ascoltò, ma soprattutto mi fece capire che quel tipo di uomini non cambiano e per la mia sicurezza e quella dei miei bambini, la soluzione migliore era la separazione.

Subito dopo decisi che dovevo rafforzare la mia psicologia ed autostima per essere abbastanza forte da affrontare una separazione e cominciare a vivere sola con i miei figli a cui dovevo una vita ed un ambiente sereno in cui curare le nostre, ma soprattutto le loro cicatrici. Così capii cosa avrei potuto fare che non avevo già fatto ed iniziai a divorare altri libri di crescita personale che ancora non avevo letto come P. Coelho, Dale Carnegie, R. Hubbard e sopra ogni cosa, mettevo subito in pratica ciò che leggevo. Tutto questo mi rafforzò abbastanza per cercare un avvocato e avviare le pratiche di separazione ovviamente con grande "malcontento" ed incredulità del mio ex che non mi rese la cosa per niente facile, e neanche il dopo.

Sono infinitamente grata a mia mamma per avermi regalato, subito appena separata, il libro corredato di audiocassetta < Guarisci il tuo corpo > di Louise L. Hay. E' stato il più bel regalo che potesse farmi in quel momento, visto i miei trascorsi il mio corpo manifestava il non amore per me stessa in mille modi con vari disturbi fisici: gastrite cronica, insonnia, dolori alle gambe, mal di testa, stipsi, stanchezza, inappetenza e mi fermo qui. Era la prima volta che leggevo qualcosa di questa autrice, non sapevo neanche chi fosse eppure iniziando a leggere la trovai molto familiare, quasi un'amica, che come me aveva dei trascorsi molto dolorosi.

Cominciai anche, direi subito, ad ascoltare l'audio cassetta. Il lato A raccontava la storia di Louise Hay , da dove venivano i disturbi fisici, le affermazioni positive per aiutare la guarigione, imparare il perdono e molto altro. Il lato B conteneva una meditazione per il rilassamento e nuove affermazioni per la guarigione inoltre mi aiutava ad addormentarmi più facilmente e tranquillamente, un gran progresso per me allora, se pensate che la media delle mie ore di sonno era dalle quattro alle cinque ore di massima quando andava bene, e neanche tutte filate. Man mano, giorno dopo giorno imparai a lasciare andare il vecchio per far posto al nuovo, perdonai anche il mio ex, non condonando ciò che mi aveva fatto, ma lasciando andare, cioè non trattenendo dentro di me i ricordi dolorosi del passato e dei film mentali di quello che mi aveva fatto, perdonare è un dono che ho fatto a me stessa, il primo dono d'amore per me!

Da quel Novembre del 1994, con quel primo dono ho iniziato il mio percorso per amare me stessa e per rimuovere tanti vecchi schemi mentali che non mi facevano stare bene; l'audio cassetta di guarisci il tuo corpo l'ho usata ogni giorno e ogni notte, fino alla scomparsa e guarigione di quasi tutti i miei disturbi e malattie, (per la gastrite c'è voluto più tempo, dovevo saper digerire molte cose nella mia vita che non mi andavano ed in particolare gli errori che avevo commesso), quasi a consumarla, tanto che per il timore che succedesse ne feci una copia col duplicatore del mio stereo.

Sono successe molte altre cose nei due anni successivi tra cui il cambiamento di casa per ben due volte, ma prima che fossero passati due anni avevo raggiunto il mio primo obbiettivo... Avevo ritrovato la serenità per noi tre! Conquistai pace e calma da godermi insieme ai miei bambini, gioia di vivere e di costruirmi un bellissimo futuro; iniziai ad esprimere dei desideri e a poter rivivere le mie passioni come il ballo, le passeggiate nella natura, realizzarmi nel lavoro e creare degli spazi per me. Stavo finalmente imparando ad amarmi, mi stavo innamorando di me stessa come mai prima d'ora e tutto intorno a me, cominciava ad andare per il verso giusto.

Vivevo in un paese che non conoscevo se non perché in gioventù c'ero stata come turista, ero una sessantina di km lontana dai miei genitori e fratelli, ma ero serena, dovevo rimettermi in gioco per crearmi conoscenze sia per il mio lavoro che per amicizia, aiutare i miei figli a famigliarizzare con la nuova scuola, con i nuovi compagni e ad ambientarsi in un paese anche a loro sconosciuto, ma niente di tutto questo mi spaventava, in un modo o nell'altro sapevo che ce l'avrei fatta, il peggio che avrebbe potuto accadere era di finire sotto un ponte avendo solo pane secco per sfamare i miei bambini, mi ero detta molte volte, e quando immagini il peggio che ti possa accadere, niente ti spaventa più e pensi solo a risalire.

Un giorno, nel periodo in cui mi stavo separando dal mio ex, mia madre mi disse che quando si è toccato il fondo più giù non si può andare, si può solo risalire. E aveva ragione... Penso che questo sia diventato da lì in avanti, il mio "live motive", la molla che mi ha spinto ad andare avanti e a non guardare più indietro, se non per vedere quanta strada avessi fatto e tutte le cose positive nel mio percorso di vita fino a lì. Sì, perché anche nelle situazioni più negative o disperate, il lato positivo c'è, e lo si può sempre trovare; anzi cercare ciò che c'è di positivo porta a diventare resilienti.

Ecco, vivere è proprio questo! Armarsi di coraggio per guardarsi dentro, vedere ciò che c'è di buono, capire qual è il nostro dono, quali siano i nostri talenti e svilupparli per farne dono al mondo intero, fare di tutto per assumersi la responsabilità della propria vita, e capire che essa non ci accade, ma ci succede...Siamo noi i comandanti della nostra nave, i padroni del nostro cammino di vita, siamo noi i creatori.

Siete pronti? Bene ora iniziamo a prenderci cura di noi stessi, ad amarci come meritiamo!!!

L’AUTOSTIMA
(Questa sconosciuta)

Il primo passo per imparare ad amare sé stessi è avere autostima. Ma cosa è?

Se analizziamo grammaticalmente la parola, AUTO - STIMA, significa avere stima di sé cioè auto-stimarsi che quindi non è, innamorarsi della propria immagine come Narciso, bensì accettarsi per ciò che siamo, pregi e difetti, e saper capire qual é il nostro valore.

Una delle mie affermazioni preferite di Louise Hay è questa: < MERITI DI ESSERE AMATO SOLO PERCHE’ ESISTI !> Capisci? Non devi fare niente di speciale per farti amare, vai bene così come sei; l’amore non va elemosinato, ne venduto, ne comperato.

Spesso gli uomini e donne che aiuto mi chiedono che differenza c’è tra autostima ed auto-efficacia, si somigliano verbalmente, ma sono due cose ben distinte su cui è bene fare chiarezza.

L’ auto-efficacia è quello che sappiamo fare, ed è relativa alle nostre capacità di svolgere determinate attività, e a ciò che pensiamo riguardo alle nostre possibilità di riuscire; questo poi regola il nostro modo di porci davanti alle scelte e alle sfide della vita.

L’autostima è ciò che pensiamo di noi, è accettazione di noi in tutto e per tutto così come siamo e non dipende da quello che sappiamo fare o dai nostro talenti… L'autostima riguarda l'essere, il giudizio del nostro valore e la stima di sé.

Il primissimo passo da compiere per amarci ed auto-stìmarci è smettere ogni critica nei nostri confronti; forse non ci avete mai pensato, ma è diventata consuetudine essere critici con noi stessi, qualsiasi cosa facciamo sentiamo la nostra vocina interna che ci sgrida… È il nostro genitore interiorizzato! Sì, molto probabilmente da piccoli i nostri genitori si rivolgevano a noi molto più spesso per sgridarci che per lodarci, così le critiche ci sono rimaste dentro. Sento anche spesso dire: "Ma se non mi critico come faccio a cambiare?" Beh, l'autocritica non aiuta per niente il cambiamento, anzi abbatte l'animo e la volontà verso il cambiamento, mentre la lode per ogni più piccolo progresso sprona ad avanzare e rinforza la stima in noi.

Quindi guardando a ciò che abbiamo fatto finora, nella nostra vita, cerchiamo dei motivi di lode verso noi stessi, prendiamoci del tempo per scrivere nero su bianco queste lodi, poi rileggiamole ogni giorno e aggiungiamone delle altre mano a mano che ci vengono in mente; questo esercizio è il primo passo per accrescere la nostra autostima se già ne abbiamo, o un buon punto di partenza se la nostra autostima è a zero!

Il secondo passo da compiere è l'accettarci esattamente così come siamo, pregi e difetti e capire che ognuno di noi è perfetto, proprio così come è! Diventiamo consapevoli di ciò che siamo ascoltandoci con tutto il cuore, per sapere quali sono le caratteristiche che ci contraddistinguono, i nostri valori, le nostre qualità, le passioni, poi sviluppiamo quelle caratteristiche ogni giorno e condividiamole con il mondo.

Il terzo passo è passare all'azione!! Prendiamoci del tempo di qualità da passare in nostra compagnia, facendo ciò che amiamo fare e che ci fa stare bene; una passeggiata in mezzo alla natura, dedicarci al nostro hobby preferito, fare meditazione, accudire il nostro corpo, scegliendo cibi salutari e che ci nutrono, facendo attività fisica, e svolgendo alcuni degli esercizi che vi propongo in questo libro, ed il lavoro allo specchio quotidianamente.

COME E QUANDO SI CREA L'AUTOSTIMA

Cominciamo sin dall'infanzia a creare la nostra autostima, già entro i primi 5 anni di vita il bambino si crea l'immagine di "Sé", "nel mondo", cioè l'accettazione di sé stesso e del proprio valore, attraverso gli adulti che lo circondano: genitori, parenti, insegnanti, ma anche tramite i fratelli, gli amici, i compagni, ecc.

Crescendo l'autostima si forma anche attraverso prove e situazioni che se superate con successo, innalzano le nostre capacità e quindi rafforzano la stima che abbiamo in noi…

Possiamo fare degli errori, ed avere comportamenti imperfetti, ma non per questo siamo sbagliati o non perfetti, anzi ognuno di noi è perfetto, proprio così com'è… Non è l'approvazione o la stima degli altri, oppure la nostra efficienza o disponibilità a darci la misura della nostra Autostima, ma piuttosto l'Amore che proviamo per noi e la nostra auto-accettazione.

Aumentando l'amore per noi stessi, per ciò che siamo e accettando tutto di noi, pregi e difetti (ammettere i nostri difetti, senza autocritica, senza giudicarci), innalziamo la nostra autostima e non solo.

Leggendo il libro di Louise Hay, "Guarisci il tuo corpo", ho imparato pian piano ad amarmi, rispettarmi, diventare consapevole dei blocchi e delle convinzioni limitanti che mi impedivano di amarmi completamente.

Louise Hay è conosciuta anche per la sua tecnica dello specchio, la tecnica consiste nel fare affermazioni positive allo specchio e la motivazione è che diventano più efficaci perché attraverso gli occhi arrivano prima nel profondo, soprattutto perché quando eravamo bambini e venivamo stimati o rimproverati, gli adulti lo facevano guardandoci negli occhi, così facendo, quelle cose si sono radicate nel nostro subconscio; grazie al lavoro con lo specchio è possibile rimuovere quelle affermazioni negative che ci bloccano e che minano la nostra autostima.

Avendolo provato per molti anni e facendolo tutt'ora, consiglio anche io l'esercizio allo specchio come punto forte per amare se stessi, per darsi supporto e per comprendere che siamo abbastanza bravi per fare qualsiasi cosa vogliamo fare.

Voglio suggerire qui alcuni esercizi non solo, per creare la propria autostima, ma per vedere quanta già ne abbiamo e per migliorarla ancora di più. Come chi sta imparando una qualsiasi materia o attività, e come i bambini quando crescono, abbiamo bisogno di incoraggiamenti e tifo costanti che ci spronino a non arrenderci e che ci incentivino a premiarci per il nostro impegno… Eh sì! PREMIARCI è QUALCOSA CHE NON FACCIAMO MAI!

Diamo per scontato ciò che facciamo e l'impegno che mettiamo come se fosse dovere farlo, ed invece possiamo scegliere se farlo oppure no, quindi è giusto ricompensarci, direi quasi doveroso (passatemi il gioco di parole), passiamo ore ed ore lavorando senza sosta poi torniamo a casa e facciamo tutto ciò che c'è da fare e non ci premiamo mai; possiamo anche dire: "Brava/o sei stata/o davvero brava/o!!!" a noi ogni volta che facciamo qualcosa di buono, questo ci farà sentire fieri e staremo meglio in ogni senso, con noi stessi.

DIVENTARE CONSAPEVOLI

Per prima cosa è necessario diventare consapevoli delle convinzioni che bloccano la nostra piena Autostima. Quando diventiamo consapevoli abbiamo in mano gli strumenti per cambiare in positivo ciò che non va nella nostra vita, ma divenire consapevoli non significa incolpare qualcuno, o trovare dei colpevoli perché tutti hanno fatto il meglio che potevano con gli strumenti che avevano; siamo tutti vittime di vittime.

Per fare questo, cominciamo a fare un esercizio:

Quali messaggi negativi ci sono arrivati dai nostri genitori, parenti, insegnanti, amici, figure autoritarie, preti, suore, ecc.? Sediamoci in un posto tranquillo dove non siamo disturbati e, prendendo carta e penna ripensiamo a tutte quelle affermazioni negative, (quelle positive vanno bene così, quindi le teniamo), che ci sono state trasmesse e che ancora oggi ci limitano e, scriviamole trovandone almeno cinque o sei.

____

____

____

____

____

Ora rileggiamo quelle che abbiamo scritto e con calma proviamo a vedere quante di queste affermazioni, sono ancora vere per noi. Mettiamo un asterisco vicino a quelle che sentiamo ancora vere.

AFFERMAZIONI POSITIVE PER L'AUTOSTIMA

Partendo dalle credenze limitanti, leggiamole e trasformiamole in affermazioni positive.

Vi elenco alcune semplici regole per fare le affermazioni in modo che siano efficaci:

1. Le affermazioni sono sempre positive.
   (MA, MAI, NO, NON e altre negazioni vanno evitate)...

2. Vanno sempre fatte al tempo presente, non al passato, nè al futuro,

3. Sono personali...
   (Non possiamo fare affermazioni per gli altri che includano la loro volontà! Libero arbitrio).

4. Si può e si deve esagerare!!!
   Usiamo termini superlativi.

5. Ora riprendete carta e penna o colori , pennarelli, ecc.

E sbizzarritevi a creare le vostre affermazioni positive, partendo da quelle negative come nell'esempio che segue.

Esempio di trasformazione:

> Affermazione negativa: “Non vali niente!”
> In positivo diventa: “Sono una donna / un uomo di grande valore, con caratteristiche uniche!”
>
> Affermazione negativa: “Sei sempre in ritardo!” diventa: “Io sono precisa e puntuale!”
>
> Affermazione negativa: “Sei gracile, ti ammali facilmente!” diventa: “Il mio corpo è forte e sano!” oppure: “Ogni cellula del mio corpo sprizza salute ed energia!”

Ora divertitevi a creare le vostre affermazioni positive!

LAVORO ALLO SPECCHIO

Come dicevo all'inizio, il lavoro allo specchio è uno dei fondamenti del metodo Louise Hay "Puoi guarire la tua vita", che ho imparato ed applicato nel mio percorso di crescita personale e che uso tutt'ora. Il lavoro consiste principalmente nel pronunciare le affermazioni ad alta voce davanti allo specchio, guardandosi negli occhi. Cerchiamo soprattutto di andare oltre ciò che vediamo di solito guardandoci allo specchio, se abbiamo i capelli e il trucco in ordine, se vediamo quella ruga fastidiosa, se abbiamo le occhiaie perché non abbiamo dormito molto, se ci vediamo non proprio belli; insomma evitiamo di trovarci i soliti difetti da bassa autostima, andiamo oltre guardandoci dritti dentro gli occhi, e iniziamo a dire: "Io ti amo, ti amo veramente! Sei meravigliosa/o, unica/o e speciale! I tuoi doni sono unici, nessuno al mondo è come te! So che puoi farcela!"

Sono consapevole della difficoltà di questo esercizio particolare, quando ho iniziato a farlo faticavo a guardarmi dritto negli occhi senza essere molto critica con me, ma come diceva la mia amica Louise, dove c'è resistenza lì c'è del lavoro da fare... Cosa intendo dire con questo, che se una parte di noi si oppone o è restia a farlo, significa che è proprio urgente farlo, perché lì sta il nocciolo della nostra bassa stima in noi; mano a mano che lo faremo diventerà sempre meno difficile farlo, ci sentiremo più a nostro agio e la nostra autostima aumenterà!

Un altro modo per utilizzare lo specchio, è quello di ricorrervi quando qualcosa ci preoccupa o ci disturba dicendo alla nostra immagine riflessa: "Va tutto bene, stai tranquilla/o tutto si sistema, sei al sicuro, la vita ti ama!"

Oppure quando ci è successo qualcosa di bello, o siamo stati bravi nel nostro lavoro, nello studiare, in un particolare progetto, o ad un colloquio, corriamo allo specchio e lodiamoci: "Brava/o, hai fatto un buon lavoro, ti sei impegnata/o molto e ce l'hai fatta, complimenti stai proprio migliorando, sei stata/o brava!"

COSE CHE AMO E APPREZZO DI ME

Questo è un esercizio molto importante per creare in noi la consapevolezza del nostro valore, non è da sottovalutare e se all'inizio sembra difficoltoso man mano si procede diventa più fluido e anche divertente.

In questo caso vi consiglio di prendervi un quaderno da tenere per gli esercizi di autostima, sceglietelo bello, che vi piaccia come se fosse il vostro diario segreto; e in prima pagina scrivete: "QUADERNO DI AUTOSTIMA".

Nella pagina successiva potrete scrivere in alto al centro: "Cose che amo di me!" ed iniziare ad esercitavi. Fate un elenco, delle dieci cose che amate di voi. Potete partire dall'aspetto fisico o dalle vostre qualità a livello caratteriale, nell'interazione con gli altri, cosa amate di voi anche nella vostra attività, e andando avanti mettere anche le vostre passioni o gli hobby che vi piace praticare. Ogni giorno aggiungete una o due cose, se non vi vengono subito in mente portate con voi il quaderno e segnate entro la giornata tutto quello che vi arriva; alla fine del mese di esercizio avrete circa quaranta/sessanta cose o caratteristiche che vi piacciono di voi!

Un gran bel tesoro, un forziere pieno di AUTOSTIMA!!!

Ecco qualche esempio…

<u>Cose che amo di me:</u>

- Le mie mani.
- La pazienza che ho con tutti.
- I miei bei capelli.
- Le mie gambe lunghe.
- La mia perseveranza.
- La voglia di vivere.
- Amo andare al cinema.
- La mia passione per lo sci.
- Amo ballare.
- Adoro il mare.

Parte seconda

COME AMARE ME…

In questi oltre 28 anni ho imparato molti modi per amare me stessa e soprattutto ho appreso come disimparare ciò che non era amore. Se mi fermo un attimo a pensare e guardo indietro per vedere quanta strada ho fatto, mi rendo conto di avere fatto passi sempre più grandi per raggiungere il vero rapporto d'amore che oggi ho per me, che altri continuo a farne e ancora ne farò.

Ognuno di noi al momento opportuno trova una grande forza dentro, è questa forza che mi ha spinto a proseguire il lavoro su di me, ad imparare ad amarmi come merito, ad impegnarmi per migliorare ogni giorno…

Stavo continuando a scrivere questo libro in un momento molto particolare per il paese dove vivevo, ma anche e soprattutto, per il resto del mondo e questo mi ha spinto a riflettere sulla libertà ed il suo enorme valore… Da poco prima della fine dell'inverno, del 2020, siamo stati tutti costretti ad una quarantena forzata, causata da un fantomatico virus influenzale un po' più aggressivo dei soliti che si presentano ogni anno, a cui è seguito un lock-down (confinamento, serrata, coprifuoco, isolamento), praticamente totale, anche di moltissime attività compresa la mia.

Ringrazio l'universo per avermi dato modo di fare tutti questi anni di lavoro interiore, in cui ho potuto rafforzare la mia psiche tanto da poter affrontare questo periodo con la massima serenità possibile. Comunque, nonostante la mia serenità e resilienza anche io, man mano che il confinamento veniva protratto, qualche volta ho vacillato; in particolare quando venivano applicate nuove restrizioni alla libertà personale, sentivo quanto valore ha la libertà in tutti i sensi. Sin da bambina mi sono sempre ribellata ad ogni forma di costrizione, e anche crescendo non mi sono mai uniformata a ciò che facevano tutti, ne con l'abbigliamento, ne con il pensiero o altro.

Ora tutto quello che è accaduto negli ultimi tre anni, mi sembra surreale, quasi come se avessi le catene o un guinzaglio molto corto a limitarmi. Mi sono quindi chiesta: "Se succede a me, che cosa può accadere nella mente di chi non ha fatto un percorso come il mio?" In effetti in molti si sono fatti prendere dalla paura, dal panico, da varie fobie igieniche e con il prolungamento del distanziamento sociale anche da tristezza e depressione. Tutta questa situazione mi ha indotto a lavorare ancor di più, su di me, per aumentare il mio potere personale, facendo in modo di essere io padrona (passatemi il termine), della mia vita, evitando di permettere ad altri di avere potere su di me.

Ora mi spiego meglio, permettiamo agli altri di avere potere su di noi e sulle nostre vite, quando li incolpiamo di ciò che non funziona nella nostra esistenza, (l'ho accennato nelle prime pagine di questo libro)... Ad esempio: "Lui/lei mi ha fatto questo, non mi rispetta mai, quando ero piccola mi trattava male, si prendono sempre gioco di me...", oppure: "È colpa del governo se non posso fare questo o quello, se non ho soldi o lavoro!" Tutte queste affermazioni, e scuse, scaricano la nostra responsabilità sugli altri, ma nel contempo ci privano del nostro potere. Per avere pieno potere su di noi, possiamo capire che tutto ciò che ci "accade" siamo noi ad attrarlo per il percorso/lezione che vogliamo apprendere; chiediamoci sempre, prima di incolpare qualcuno, che cosa c'è da imparare da quella situazione lì per noi, quale è l'insegnamento o il vantaggio in quel frangente.

In questa situazione paradossale, mi sono posta molte domande che mi hanno permesso di mantenere e aumentare il mio potere personale, ma la prima cosa che ho capito di dover fare è stato aumentare il tempo dedicato a me stessa e alla meditazione, e questo mi ha dato modo di restare il più possibile centrata e lucida nel gestire la situazione di confinamento/chiusura e di tutto quello che ne è conseguito.

Da Marzo 2020, quando è iniziato il confinamento, ho dedicato ogni giorno circa un'ora a me stessa per fare esercizi di attività fisica per mantenermi in forma. Ho usato un elastico da pilates, per mantenere in forza le spalle, rinforzare dorsali e pettorali, rassodare il seno e snellire la parte alta delle braccia, il tappeto elastico, da 100 cm di diametro acquistato qualche anno fa, (e che già usavo a giorni alterni), per saltare aumentando i salti da cento a trecento per lavorare su gambe, fianchi e ventre, inoltre due tre volte a settimana mi sono concessa una bella camminata a passo svelto possibilmente nella natura, quando era possibile insieme a mio marito e qualche volta insieme con mia figlia. In aggiunta agli esercizi fisici ho dedicato dai dieci ai quindici minuti, all'interno di quell'ora, alla meditazione sia guidata, sia sola, concentrandomi sul mio respiro nel silenzio. E soprattutto ho affinato il potere delle domande e dell'ascolto alle risposte della parte più profonda di me, (in questo periodo sto ascoltando e seguendo un filosofo/

antropofoso della scuola Steineriana, per un progetto comune di cui lui è il creatore).

Mi sono posta le seguenti domande: "Cosa posso fare in questa situazione?" "Quale è il mio ruolo in tutto questo?" "Che cosa c'è da imparare qui per me?" "Come posso aiutare coloro che aiuto con il mio impegno?" "E la mia famiglia?" "Come posso orientare i mie pensieri verso ciò che voglio, invece di continuare a focalizzarmi su ciò che succede che non voglio?"

Ecco queste domande puoi fartele anche tu, adattandole a te. Il potere delle domande e dell'ascolto della parte più profonda di noi, è il motore che ci muove e ci porta alla realizzazione dei nostri desideri, ci tiene centrati e ci fa stare nel presente (qui e ora), ma cosa fondamentale ci riappropria del nostro potere personale, riporta noi al timone della nostra nave.

Ora ti chiederai qual è il momento migliore per porti le domande, ed io ti rispondo subito con dei suggerimenti che ho trovato molto validi. Innanzi tutto per poterti ascoltare c'è bisogno di silenzio e di un minimo di concentrazione, se sei già abituata/o a fare meditazione il momento migliore è proprio quello di farsele lì, un altro momento perfetto è di fartele alla sera, prima di addormentarti.

Sia quando si medita, sia prima di addormentarci, ci troviamo in uno stato di onde Alfa dove la mente, che di solito mente, viene by-passata; proprio per questo quelli che ti ho appena spiegato sono i momenti migliori per farsi le domande, mentre lo stato di veglia è costituito dalle onde cerebrali Beta, dove la mente ci boicotta appunto perché mente, creandoci un sacco di paranoie.

Oltre a quelle qui sopra, ci sono due domande fondamentali da farsi prima di ogni altra, e sono: “Chi sono?” e “Perché sono qui?” (Quale è il mio scopo in questa vita? Quali sono i miei talenti?). Queste due domande sono state le prime che mi sono fatta molti anni dopo l’inizio del mio percorso di crescita, mentre dentro di me cresceva la curiosità di sapere quale fosse la strada giusta da prendere a livello lavorativo visto che mi trovavo ad un bivio tra più opportunità, e dentro mi sentivo disorientata. La risposta non ha tardato ad arrivare, e per avere una o più conferme chiesi aiuto alle mie Guide spirituali che puntualmente, quando vacillavo, mi mandavano anime bisognose del mio aiuto per il loro percorso di crescita e guarigione, ma il loro messaggio più bello mi è arrivato in modo sorprendente con una cartolina che informava del corso insegnanti metodo Louise Hay in Italia, trovata in un libro acquistato a Giugno del 2016 da regalare al mio nipotino per il suo quinto compleanno. Quel messaggio mi è giunto come un dono che mi toglieva ogni dubbio sullo scopo della mia vita in questo momento spazio temporale.

Il potere delle domande è davvero enorme e questo perché tutte le risposte per noi sono già dentro di noi, basta solamente imparare ad ascoltare.

Ascoltare se stessi è fondamentale nel processo di apprendimento dell’amore per noi; e anche saper distinguere tutto ciò che amore non è.

Cosa è tutto ciò che non è amore? Il non accettarci così come siamo, essere critici con noi, rimproverarci spesso se sbagliamo, continuare a vedere ciò che non siamo riusciti a fare invece di guardare quello che abbiamo fatto e portato a termine, insomma essere i peggiori giudici di noi stessi; e ancora trattarci male anziché usare verso di noi pazienza e dolcezza come faremmo con chi amiamo davvero, o con un bambino, e ancora, sentire di non essere abbastanza bravi, belli, intelligenti, capaci, ecc., ti riconosci in alcune di queste situazioni? Non sempre è facile accorgersene, molto di questo è dovuto al nostro genitore interiorizzato, (come descritto nel capitolo sull'autostima), quindi ognuno di noi ha il compito di disimparare quello che non è amore per poterci amare veramente come meritiamo di essere amati!

Nella mia esperienza di formatore ho riscontrato con chi ho aiutato, spesso e volentieri, che c'è resistenza a lasciar andare il genitore interiorizzato, quasi fosse normale sentirsi rimproverati, piuttosto che approvati, o per paura di sorpassare i nostri genitori; sembra difficile accettare che siamo perfetti così come siamo e che meritiamo di essere amati solo per il semplice fatto di esistere.

Allora per amare me cosa posso fare? Mi dirai tu a questo punto, ed io ti chiedo: "Cosa faresti tu, con colui/colei che ami di più a questo mondo?" "Quali sarebbero i gesti e le attenzioni che useresti nei suoi confronti?" "Quale ascolto le presteresti?" "Quanto tempo le dedicheresti?" "Come cureresti il suo corpo?" "Cosa faresti per farla innamorare di te?"

Per fare il primo passo per amarti veramente, inizia sedendoti in un posto tranquillo dove nessuno possa disturbarti, neanche il telefono, prepara carta e penna prendi qualche respiro lento e profondo... rilassati attraverso l'aria che entra... ed esce dal tuo corpo, rilassa ogni muscolo e fai altrettanto con la mente, usando la respirazione profonda è più facile; quando ti senti rilassato/a apri gli occhi rileggi le domande e rispondi ad esse, in tutta semplicità. Ora rileggi ciò che hai scritto, poi prendi con te stesso/a un impegno scegliendo una data dalla quale vuoi iniziare a mettere in pratica le cose che hai scritto poco fa. Utilizza anche il capitolo sull'autostima come primo punto di partenza per amare te.

Bene, da quel momento in poi inizierà per te una nuova vita fatta per amarti e per dare a te tutto quello che meriti veramente, ti accorgerai a breve che per riflesso accadranno molte cose belle che fino ad oggi non avresti creduto possibili, non mi metto ad elencarti quelle che sono capitate a me, e nemmeno voglio farti esempi ed ipotesi perché certamente non mi crederesti, ti chiedo solo di sperimentare, di provare, tanto cosa hai da perdere? L'unica cosa che posso e voglio condividere con te è che tutto questo ti porterà un'immensa felicità e che tutto ti sembrerà incredibile, come se fosse un miracolo, o meglio più di un miracolo.

Ora mi sento di dirti che il Miracolo più grande, il vero miracolo, sei proprio tu!!!

Puoi a questo punto iniziare a parlare nei tuoi confronti esprimendoti con: Io sono Amore!

Come ti senti, mentre lo pronunci ad alta voce? Prova a dirlo più e più volte, finché ti sembra vero, finché lo senti vero dentro di te, come se ti appartenesse da sempre!

Questo è un bellissimo compito: amare te stesso/a come non hai mai fatto prima; e se ci pensi è l'unico o il vero compito da svolgere su questo pianeta, anzi l'unico compito che il pianeta ci chiede da che esiste! Senza amore non c'è vita ne vegetale, ne animale, ne umana, se riflettiamo bene, è l'amore per la vita che fa impollinare alle api i fiori di ogni albero da frutto e non solo, è l'amore per la vita che porta gli animali di ogni specie all'accoppiamento e anche l'uomo ad incontrarsi, conoscersi e a procreare. La grande ed immensa forza dell'amore, il vero potere che tutti possiamo usare.

Tutto si basa su un equilibrio sottile che ci unisce tutti con un filo invisibile, perché tutti siamo uno…

Ecco che amare se stessi porta a Vivere e non a Sopravvivere!

IL VALORE DELLA DONNA E QUELLO DELL'UOMO

Mi chiedo quanta gente si sia mai soffermata anche solo qualche volta, a pensare al valore della differenza e completezza dell'essere umano come maschile e femminile... Forse presi dal sopravvivere quotidiano non ci si è mai posti la domanda, cosa alquanto strana dato che l'uomo è programmato per la crescita evolutiva in tutti i sensi, e per porsi le domande atte ad essa.

Senza essere mai stata una femminista nel senso estremo del termine, ho sempre saputo che le donne hanno un ruolo speciale nel mondo e nel suo sviluppo. Sono felice di aver scelto di nascere donna, in questa vita, di aver potuto sperimentare la maternità, oltre all'energia femminile che ci lega alla luna e a madre terra, e il ruo lo che le donne hanno nella creazione. Credo di sapere il perché della scelta di essere donne in questo momento spazio temporale, che è fatta da noi per un motivo forse atavico, ma ancora attuale, ed è per fare l'esperienza di dare la vita responsabilmente, per crescere figli, più liberi, consapevoli, con più amore per il pianeta.

Nel momento attuale si sente un grande bisogno di ritornare in armonia con ciò che ci circonda: il pianeta, la natura, tutti gli esseri viventi per vivere in piena sintonia con il tutto sentendoci bene e parte di questo tutto. Ecco che allora ritorna di fondamentale importanza il ruolo del maschile e del femminile e la loro collaborazione, l'uno senza l'altro non ha senso di esistere, perfetti ingranaggi come lo yin e lo yang , il sole e la luna, l'universo e le stelle.

Per restare in perfetto equilibrio la donna deve tornare a fare la Donna e l'uomo deve tornare ad essere Uomo, lei femmina lui maschio. Tranquilli, non sono impazzita o sessista, intendo dire che nel trascorrere degli anni, dei decenni scorsi, si sono confusi i ruoli anche per via dell'emancipazione femminile; molte di noi si sono trovate da sole a crescere i figli, a dover fare entrambi i ruoli genitoriali, e per emergere in ambito lavorativo a doversi quasi mascolinizzare, oltre a tutto per molte è diventato quasi impossibile dedicarsi del tempo per curarsi ed amarsi quanto meritiamo, dimenticando così la gioia e la dolcezza dell'essere femminili.

Per contro l'uomo si è sentito "minacciato" da questo tipo di donna, e pian piano si è de-mascolinizzato impaurito dalla nuova "figura femminile" che sembrava volergli togliere il ruolo suo fino a quel momento evolutivo, per di più da separato e padre si è ritrovato a gestire i figli da solo, nel fine settimana e durante le vacanze, cosa alquanto nuova per un uomo che generalmente era stato cresciuto, come nella sua natura originaria, per procurare il cibo e difendere la sua famiglia.

Un bel pasticcio!!! Eh sì, la natura è talmente perfetta che quando l'uomo ci mette mano per stravolgerla ci riesce e fa dei bei danni! Quale è quindi il vero ruolo dei due sessi?

La donna ha un ruolo molto importante… La donna esiste per portare amore! Lei sa cosa è il vero amore, non per niente essa stessa è creatrice di vita, ed è qui per insegnare ad amare.

L'uomo sa che l'amore esiste, ma non lo conosce, almeno fino a quando non lo vive tramite una vera donna. Di questo si narra anche in libri che raccontano le storie dei popoli antichi come i popoli andini o gli indiani d'America.

Non solo, ma il ruolo della donna, oggi urgente più che mai, è quello di ritrovare la connessione con madre terra e portare il suo uomo ed i figli verso questa connessione per ristabilire una piena armonia con il tutto.

L'amore ha un potere enorme ed ogni donna può e deve ritrovare questo potere dentro di sé. Il grande impegno odierno è far crescere il potere dentro di noi, benedirlo, innalzarlo ed usarlo con la consapevolezza del suo enorme valore per portare l'umanità ad un livello di coscienza più elevato, così da tornare in armonia con noi stessi, con madre terra e con i suoi abitanti. Riscoprire vecchi valori ormai dimenticati che sono quelli perfetti per stare bene, per vivere appieno la vita quella vera, quella che ogni giorno quando ti svegli, senti una gioia profonda di voler fare la tua parte per dare il tuo contributo al mondo, quella che ti spinge a realizzare i tuoi sogni, e godere di ogni istante, di ogni opportunità e condivisione, di gioire di ogni giornata che ti attende, gioire di ogni sorriso dei tuoi bambini, dei tuoi cari, degli amici e di ogni anima che incontri sul tuo cammino, quella gioia che ti fa apprezzare le meraviglie della natura sentendole come una ricchezza ed un grande tesoro; e quella immensa gioia che alla sera quando finalmente vai a letto, ti commuove fino alle lacrime per la Gratitudine immensa di aver vissuto!

Il grande ruolo dell'uomo è quello di crescere insieme alla sua donna, ascoltarla appoggiarla nel rapporto di educazione dei figli, ottemperare a quei compiti di forza fisica che solo un uomo può fare, istruire se stesso sullo stare bene, sul vivere esso stesso in armonia per gioire di ciò che madre terra ci offre, realizzare i suoi sogni dopo averli riscoperti ascoltandosi, trovare e ascoltare la propria componente femminile, come già molti uomini creativi hanno fatto, imparare l'amore per vivere nella pienezza e nella gioia, e goderne pienamente, cioè vivere!

Un'ultima cosa vorrei dire riferita all'uomo, anche voi maschietti avete il "dovere" di amare voi stessi e di imparare a farlo, solo così potrete vivere nella pienezza e completezza di un rapporto con la donna della vostra vita, e con voi stessi!

LA GRATITUDINE

Un altro passo avanti sull'amare noi e per vivere appieno, lo facciamo grazie alla gratitudine!

Poche persone sanno però cosa sia la vera gratitudine. Argomento che tratto sempre durante le sessioni ed i seminari con le bellissime anime che aiuto, e dove ogni volta mi trovo a rispondere a quesiti ed insicurezze sul come essere davvero grati nella propria quotidianità.

Siamo stati abituati sin da piccoli, la maggior parte di noi sicuramente, a ringraziare quando ci dicevano di farlo per il gesto gentile o il dono di qualcuno, ma mai ci hanno spiegato come usare la gratitudine anticipata per ottenere qualcosa, o per esaudire i nostri desideri dai più piccoli ai più grandi.

Che cosa significa gratitudine intenzionale anticipata? Si parla di gratitudine intenzionale, perché è mossa da un intenzione, cioè da uno scopo, e da gratitudine anticipata, cioè fatta in anticipo. Ringrazio prima che le cose avvengano anziché aspettare di farlo quando sono avvenute. Ora tu mi dirai: "In che senso?"

Lo so, lo so, sembra un giro di parole un po' tortuoso però ora te lo spiego; se oggi desidero che la mia giornata fili liscia e magari anche con qualche bella sorpresa posso, appena sveglia, ringraziare per questo giorno dicendo che sarà bellissimo e pieno di sorprese per me. Ecco ad esempio ciò che io ripeto da qualche anno, e che ho scritto su di un post-it che ho appiccicato in bagno vicino allo specchio, insieme ad altri: **"Rendo grazie per questo giorno perfetto, miracolo seguirà a miracolo e le meraviglie non finiranno mai!"** Non ti sembra meravigliosa questa affermazione? E funziona sempre! Se poi per esempio decido di fare una gita, ringrazio perché il tempo sia bellissimo e il clima perfetto, chiedo di trovare la strada libera così da arrivare a destinazione velocemente e so che mi divertirò sicuramente; ringrazio anche per il parcheggio perfetto, al sole o all'ombra e tutto va sempre per il verso giusto!!

Un ulteriore motivo di spunto per cui essere grati, sorge dall'abitudine di dare tutto o molto per scontato, sia in ciò che abbiamo, sia di ciò che l'universo ci offre. Anche in questo caso, molte volte non ci soffermiamo a pensare che non tutto ci è dovuto e che non è proprio detto che queste cose ci debbano essere per forza.

Ringraziamo per l'acqua che esce dai rubinetti di casa? Per il fatto di poterci lavare comodamente in un bagno al mattino, di avere un lavandino in cui potersi lavare mani e viso, un bidet, un water dove sederci per fare i nostri bisogni, e che tramite un pulsante rimuove i nostri scarti, poi magari una vasca o una bella doccia? Quante di queste comodità, diamo per scontate?

Ogni mattina andando al bagno ringrazio per ognuna di queste favolose tecnologie e comodità, perché la mia nonna materna non aveva in casa queste cose, ma la toilette ce l'aveva fuori sotto al porticato ed aveva la turca invece del wc, d'estate andava ancora bene, ma in inverno uscire al freddo per andare a fare i propri bisogni... Di notte poi bisognava uscire dalla camera ed andare in terrazza perché un'altra turca c'era al piano di sopra, ma sempre all'esterno così quando pioveva o nevicava si preferiva stare in camera ed usare il vaso da notte; per lavarsi il viso poi c'era un vecchio catino in latta e una brocca con l'acqua presa ad una delle fontane del paese, per fortuna che mia nonna Maria ne aveva una a 50 metri da casa. Queste cose le ho ben impresse nella memoria, perché seppur poche volte, visto che mia nonna abitava nello stesso paese dove abitavo io con i miei genitori, ho dormito a casa sua.

Ecco che allora so essere riconoscente e dare valore all'acqua corrente in casa, alle comodità che ho, al potermi fare la doccia quando fa caldo e sono sudata, ed ogni altra volta che mi va di rinfrescarmi; per questo faccio l'elenco delle cose per cui sono grata, subito appena sveglia, per tutto ciò che mi crea benessere: "Grazie per il comodo e bellissimo letto che mi ha permesso di riposare bene stanotte, per le lenzuola fresche per l'estate o le calde coperte e o piumino in inverno, grazie per tutti i mobili della mia camera da letto, grazie di avere un bagno tutto mio, grazie per l'acqua calda o fredda al bisogno, grazie per i miei prodotti cosmetici che mi permettono di essere pulita, idratata e bella, grazie per le salviette pulite e morbide, grazie per la lavatrice che mi offre un gran servizio e mi fa risparmiare tempo, così come per la lavastoviglie, il frigorifero e tutti gli elettrodomestici che mi alleggeriscono il lavoro e conservano o cuociono i miei cibi; e che dire dei vestiti nei nostri armadi, ne abbiamo sempre molti di più di quelli che ci servono, per tutte le stagioni e nemmeno riusciamo ad usarli tutti, quindi grazie per i miei abiti e per la grande scelta che ho quando mi vesto, grazie per l'armadio che li contiene, e così via.” Di motivi per essere grati ne abbiamo un infinità, e possiamo ogni giorno scoprirne di nuovi, basta solo non dare per scontato ciò che abbiamo e dimenticare quanto siamo fortunati; in un periodo come quello che stiamo vivendo in questi ultimi tre anni, dopo essere passati attraverso l'oscurità della paura più atavica, e l'incertezza più assoluta, abbiamo imparato quali sono le vere priorità nella nostra esistenza a lasciare andare il possesso per tutto ciò che è effimero e l'errato valore attribuito agli oggetti anziché a chi abbiamo vicino o agli amici, ai valori quelli veri che oramai si erano persi da tempo, in tutto questo, trova spazio la gratitudine non solo per ciò che abbiamo, ma anche per l'abbondanza che ci circonda nell'intero pianeta e di cui ci eravamo dimenticati, abbiamo visto e riscoperto la bellezza della natura che ci circonda e sentito il legame che ci unisce a madre terra, fratello sole e sorella luna, sentendo una gioia così profonda da risalire e ritrovare la luce dentro di noi per portarla fuori ed illuminare il mondo intorno a noi!

Un'ultima cosa riguardo alla gratitudine, dire grazie, è anche un mantra che fa parte della tecnica dell'HO OPONOPONO, se ti senti giù o sei insoddisfatto oppure semplicemente vuoi attrarre cose buone nella tua giornata, ripeti il mantra Grazie, Grazie, Grazie, Grazie, Grazie, e… guarda ciò che accade!

E ALLORA NON CI RESTA CHE DIRE, SEMPLICEMENTE:
“GRAZIE!!!”

ARGINARE L'ANSIA

Cosa è l'ansia? Da dove arriva? Che cosa mi rende ansiosa/ ansioso?

Prova a pensare a quando provi o hai provato ansia, dove stavi con i tuoi pensieri?
Eri nel presente, nel passato, o nel futuro?

Solitamente se ci pensi, quando proviamo ansia siamo proiettati nel futuro. Prova a ricordare, quali erano i pensieri che stavi facendo quando è sorta l'ansia? Eri concentrato in ciò che stavi facendo in quel momento, cioè eri nel qui et ora? Oppure stavi con pensieri di preoccupazione proiettato in qualcosa che poteva accadere e che non era ancora successo? O ancora stavi rimuginando su qualcosa già accaduto che non era andato come volevi?

Qualsiasi cosa tu abbia risposto, va benissimo, niente è giusto o sbagliato, ma se ti assale l'ansia e ti fa stare male sappi che tu puoi cambiare questa condizione…

Esercizio:
Ora chiudi gli occhi, siediti con la schiena diritta appoggiata allo schienale della sedia, e fai tre, quattro respiri profondi, ascoltando solamente l'aria che entra... ed esce dalle narici o dalla bocca; sii consapevole del tuo respiro...come va ora?

Adesso metti una mano sul cuore e ascolta i suoi battiti, poi ascolta sia i battiti che il respiro e sentine la forza, la potenza rilassante che questo esercizio ha... cosa ti sembra adesso??

CONCLUSIONI

Cosa altro posso condividere con tutti voi ?

Mi sento molto grata per gli strumenti che ho trovato sul mio cammino negli ultimi 29 anni, sono grata agli insegnamenti che mamma e papà mi hanno dato durante la mia infanzia e giovinezza che mi sono serviti ad affrontare con coraggio e determinazione anche gli ostacoli più difficili nella mia vita fino a qui, sono grata a mio figlio e a mia figlia che mi hanno messo costantemente alla prova per spingermi a diventare una madre migliore, sono grata per mio marito antonio che arrivando nella mia vita 26 anni fa, ha deciso di camminare al mio fianco e di crescere insieme a me, sono grata per ogni uomo, donna e bambino che si sono rivolti a me per aiutarli ad imparare ad amare sé stessi perché contemporaneamente mi aiutavano a dare il meglio di me, e infine sono grata a me stessa per non essermi mai arresa nella ricerca della felicità...

Con tanto affetto, vi auguro
di trovare la vostra felicità
fuori e dentro di voi!

monica

RINGRAZIAMENTI

Sono immensamente grata a mio marito antonio per essere arrivato nella mia vita al momento giusto, con una perfetta sincronia nel portare ancora più amore nella mia vita, per aver avuto tatto e pazienza nel seguire la mia crescita e crescere insieme a me.*

Un grande Grazie va a mia mamma tina, che nell'autunno del 1994 mi ha regalato il libro: "Guarisci il tuo corpo".

Ringrazio con tutto il mio cuore Louise Hay che mi ha trasmesso attraverso i suoi libri e audio, il metodo HYL (Heal your life), e che mettendolo in pratica "mi ha salvato la vita" .

Grazie alla cara Fausta Moroni per avermi fatto conoscere Nicola Bergamaschi, Editore del cuore, come l'ho soprannominato io.

Gratitudine e affetto per Nicola Bergamaschi, che ha letto il mio manoscritto e ha contribuito con tutta la sua professionalità, a portarlo al pubblico!

Ringrazio inoltre tutti coloro che si sono affidati al mio operato, per intraprendere il loro percorso di crescita personale; grazie per la fiducia!

E… Grazie, grazie, grazie alla vita, all'universo, a tutto il creato, che mi riempie il cuore di gioia ogni giorno e che mi hanno permesso di esprimere i miei talenti e doni unici.

BIOGRAFIA DELL'AUTRICE

monica donda nata a Breno (BS) nel 1966, sin da bambina sapeva di voler lavorare con e per i bambini, quindi da adolescente sceglie di frequentare la scuola di Assistente per l'infanzia e poi esercita la professione di educatrice.

Da sempre appassionata di lettura, legge con passione molti libri di vario genere spaziando dai romanzi rosa, romanzi gialli, di avventura e crescendo si appassiona ai libri di crescita personale che legge con passione e mette in pratica con ottimi risultati.

Nel 1994 la mamma le regala il libro "Guarisci il tuo corpo" della scrittrice americana Louise Hay, metodo che le cambia letteralmente la vita, tanto che qualche anno dopo lo trasmette anche ad altri e la sua passione per l'insegnamento la porta nel 2016 a frequentare il corso insegnanti del metodo "Puoi Guarire La Tua Vita".

Il suo primo libro, un romanzetto rosa, lo scrive a 15 anni, prova ad inviarlo ad una rivista femminile, ma non ottiene risposta.

Nel gennaio 2020 conclude la stesura del MANUALE di AUTOSTIMA per le donne: **Autostima la via per amare me stessa!!!** e lo autopubblica sia in cartaceo che in versione ebook, con in omaggio un audio meditazione.

“Vivere non è sopravvivere!” inizia a scriverlo nell’estate del 2016, ma probabilmente non è ancora il momento perché dopo un paio di mesi un temporale brucia l’hard disk del PC e buona parte del manoscritto e quello che non era su cartaceo, va perso.

Ricomincerà la stesura nel 2018 interrotta più volte per mancanza di tempo e di ispirazione, riprende nel 2020 in un momento di interruzione lavorativa e lo termina a novembre 2023 apportando anche l’esperienza di insegnante per adulti.

INDICE

www.ingramcontent.com/pod-product-compliance
Lightning Source LLC
LaVergne TN
LVHW090127160826
845673LV00015B/1097

* 9 7 9 1 2 5 4 9 7 1 7 2 7 *